I0111578

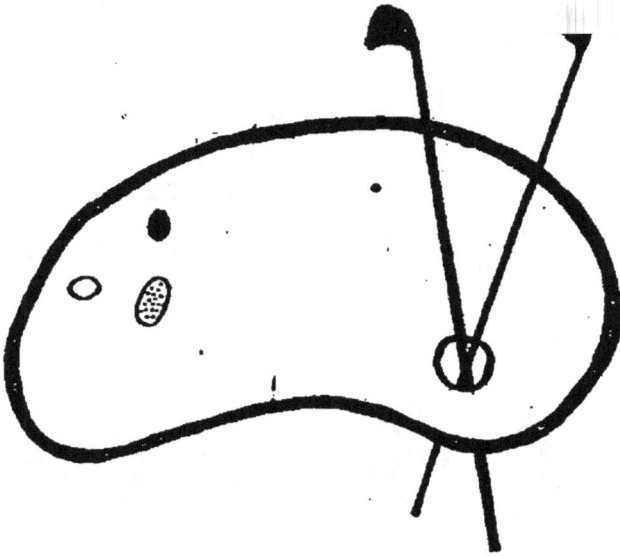

DEBUT D'UNE SERIE DE DOCUMENTS
EN COULEUR

R
14946
544

Dʳ GRASSET

Professeur de Clinique Médicale
à l'Université de Montpellier

Morale scientifique

et

Morale évangélique

Devant la Sociologie

BLOUD & Cⁱᵉ

S. et R. 544

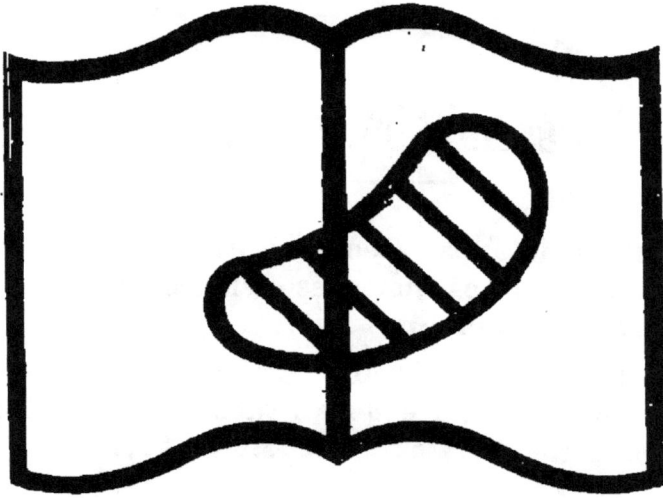

Illisibilité partielle

BLOUD & Cie, Edit., 7, Place Saint-Sulpice, Paris (VIe)

ÉTUDES DE MORALE ET DE SOCIOLOGIE

Morale et Société, par George FONSEGRIVE. Ouvrage couronné par l'Académie des Sciences Morales et Politiques. 1 vol. in-16............... **3 fr. 50**

Le Travail à bon marché, *Enquêtes sociales,* par George MÉNY. Préface de M. l'abbé LEMIRE, député du Nord. 1 vol............... **2 fr. 50**

Vient de paraître :

Traité de Sociologie d'après les principes de la Théologie Catholique, par L. GARRIGUET.

I. Régime de la Propriété, 1 vol........ **3 fr. 50**
II. Régime du Travail, tome I, 1 vol.... **3 fr. 50**
III. Régime du Travail, tome II, 1 vol.,... **3 fr. 50**

Le Problème des Retraites Ouvrières, par G. OLPHE-GALLIARD, docteur en droit. 1 vol............... **3 fr. 50**

Pourquoi et comment on fraude le Fisc. *L'impôt sur les successions. L'impôt sur le revenu,* par Ch. LESCŒUR, Docteur en droit. 1 vol............... **3 fr. 50**

Pour paraître prochainement :

Les Orientations syndicales, par Victor DILIGENT, Docteur en droit. 1 vol. in-16............... **3 fr. 50**

La Valeur sociale de l'Evangile par L. GARRIGUET. 1 vol. in-16............... **3 fr. 50**

DEMANDER LE CATALOGUE

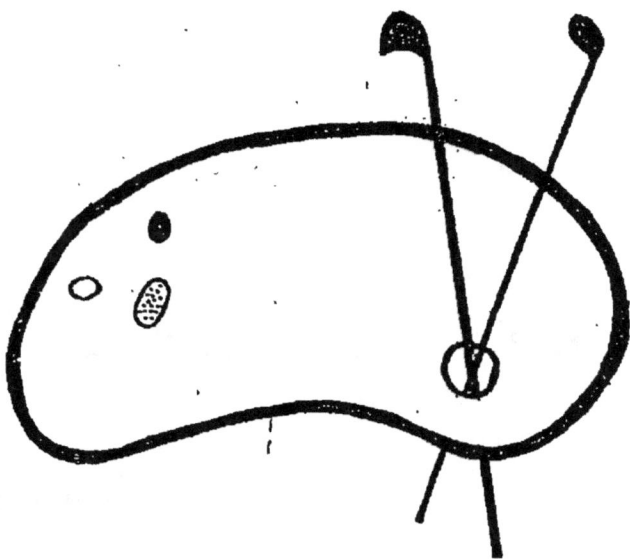

FIN D'UNE SERIE DE DOCUMENTS
EN COULEUR

Morale Scientifique

et

Morale de l'Évangile devant la Sociologie

14946 (544)

QUESTIONS PHILOSOPHIQUES

MORALE SCIENTIFIQUE

ET

MORALE ÉVANGÉLIQUE

DEVANT LA SOCIOLOGIE

PAR

Le Docteur GRASSET

Professeur de Clinique médicale à l'Université de Montpellier.

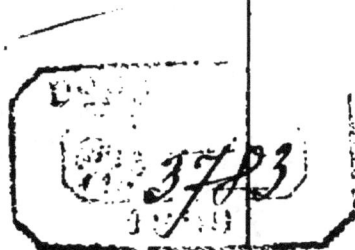

PARIS

LIBRAIRIE BLOUD & Cie

7, PLACE SAINT-SULPICE, 7

1 ET 3, RUE FÉROU — 6, RUE DU CANIVET

1909

Reproduction et traduction interdites

MÊME COLLECTION

Morale scientifique
et Morale de l'Évangile

DEVANT LA SOCIOLOGIE [1]

Messieurs et bien chers Confrères,

Je ne prétends pas que l'apologétique chrétienne doive se faire aujourd'hui exclusivement par la morale. Mais je crois que, pour des laïques comme nous, l'apologétique *morale* est la seule vraiment abordable.

Pour le *dogme*, nous devons nous classer tous dans les « bienheureux pauvres d'esprit », qui l'acceptent d'autorité, sans le discuter, comme le charbonnier du coin.

« Je vous le dis en vérité, quiconque ne recevra

---

[1] Conférence faite à Marseille, le 21 octobre 1908, à la Société de Saint-Luc, Saint-Côme et Saint-Damien. C'est aux membres de la Société, et d'abord à son distingué président, le docteur Audibert, que les *Etudes* doivent de pouvoir publier la conférence de l'éminent professeur de Montpellier. Que celui-ci et ceux-là veuillent bien agréer l'expression de notre reconnaissance. (Note de la Rédaction des *Etudes*.)

pas le royaume de Dieu comme un enfant, n'y entrera point (1). »

Les discussions morales sont mieux à notre portée. On peut même dire qu'elles sont plus que jamais, aujourd'hui, de notre compétence — à nous, laïques, médecins et biologistes humains.

Car l'invasion croissante de la morale non religieuse par la *science* et spécialement par la science *biologique,* nous fournit une occasion merveilleuse de montrer l'impuissance radicale de cette science à faire une morale qui s'approche de la morale de l'Évangile.

Comme, d'autre part, il est ensuite facile de montrer qu'en sociologie, de ces deux morales, la seconde, celle de l'Évangile, est seule génératrice de progrès et de vie, la démonstration apologétique est très nette.

Voilà l'idée que je voudrais, non certes, développer dans une lecture de trois quarts d'heure, mais indiquer à grands traits, espérant que peut-être cette esquisse d'un très beau sujet pourra inspirer à un plus qualifié le désir de le traiter à fond.

(1) Saint Luc, xviii, 17.

I. La morale scientifique ou science des mœurs et la morale de l'Evangile.

Je prendrai toujours le mot « science » dans le sens d'Auguste Comte, le sens de science positive, comme je l'ai fait le 13 avril 1901 dans ma Conférence sur *les Limites de la biologie* devant le même auditoire de confrères et d'amis dont je n'ai jamais oublié le charmant et indulgent accueil (1).

La science ainsi comprise envahit de plus en plus la morale naturelle ou, pour mieux dire, les philosophes non chrétiens s'efforcent de plus en plus de baser leur morale uniquement et exclusivement sur la science : dans leurs livres, la morale devient un chapitre de science, la *science des mœurs* (2).

En tête du premier des livres dont je me servirai le plus pour exposer la morale scientifique, Albert Bayet (3), que l'on peut considérer

---

(1) *Les limites de la biologie,* avec une Préface de PAUL BOURGET. Bibliothèque de philosophie contemporaine, in-16. 5ᵉ édition. 1907.

(2) Voir LEVY-BRUHL, *la Morale et la Science des mœurs* (Bibliothèque de philosophie contemporaine ; 1903).

(3) ALBERT BAYET, *la Morale scientifique ; Essai sur les applications morales des sciences sociologiques* (Bibliothèque de philosophie contemporaine ; in-16, 1905) et *l'Idée de bien ; Essai sur le principe de l'art moral rationnel* (même Bibliothèque, in-8ᵉ). C'est à ces deux ouvrages que sont empruntées toutes les citations qui n'ont pas d'autre indication bibliographique.

comme le porte-parole attitré de cette nouvelle conception de la morale, dit très justement : « L'idée que la morale, longtemps religieuse ou métaphysique, doit reposer désormais sur la science, est aujourd'hui très répandue. Elle est, d'ailleurs, la conséquence naturelle du développement rapide des sciences de la nature et des progrès de l'esprit positif. »

C'est cette morale basée sur la science qu'il faut analyser et comparer à la morale de l'Évangile.

Il me paraît que, sans avoir la prétention d'épuiser le parallèle, on peut comparer ces deux morales au triple point de vue suivant :

1° La morale scientifique est incapable et n'a pas la prétention de donner les idées d'*obligation* et de *devoir* qui sont à la base de la morale de l'Evangile ;

2° La morale scientifique est incapable et n'a pas la prétention de tenir compte de l'*intention* dans les actes et ne peut admettre la *responsabilité,* tandis que la morale de l'Évangile fait tout le contraire ;

3° Enfin la morale scientifique ne peut donner comme but à nos actes que l'*intérêt* de l'individu ou de l'espèce, elle conclut à la *lutte* pour la vie et ne peut aboutir qu'à cette formule d'Eugène Fournière (1): *Utilisons-nous les uns les autres*. La morale de l'Évangile, au contraire, donne comme but à nos actes l'abnégation, l'humilité, le *sacrifice*, la paix sociale et *l'assistance* au prochain, avec cette formule comme conclusion : *Aimez-vous et aidez-vous les uns les autres*.

II. L'idée d'obligation et de devoir dans la morale scientifique et dans la morale de l'Evangile.

Tout d'abord, *la morale de l'Évangile est tout entière basée sur la notion d'obligation et de devoir, tandis que la morale scientifique ignore et ne peut comprendre ces notions.*

Dans l'Évangile, à la base de tout est le devoir, l'obligation, l'ordre, le *commandement :* « Si vous voulez entrer dans la vie, gardez les commandements (2). »

Et le devoir est rigoureux, l'obligation stricte, le chemin étroit: « Que la porte est petite et

(1) « Ouvriers du présent, attachés à faire surgir l'avenir de justice sociale, par l'égalité des droits et des moyens et dans la liberté de chacun accrue par la solidarité, utilisons-nous les uns les autres. » Eugène Fournière, *la Dépêche*, 9 septembre 1903.
(2) Saint Matthieu, xix, 17.

étroite la voie qui mène à la vie et qu'il y en a peu qui la trouvent (1). »

La science, au contraire, ne peut amener à aucune idée d'obligation et de devoir. Auguste Comte (2) qui peut être considéré comme le précurseur ou l'initiateur de la morale scientifique contemporaine, avait voulu conserver l'idée d'obligation et de devoir, entraîné qu'il était par son esprit foncièremeut religieux et il a écrit dans son *Système de philosophie positive :* « Quand même la terre devrait être bientôt bouleversée par un choc céleste, vivre pour autrui, subordonner la personnalité à la sociabilité ne cesserait pas de constituer jusqu'au bout le bien et le devoir suprêmes. » C'est l'impératif catégorique de Kant, ou même la notion du vrai, du beau et du bien, d'après Cousin, que le même Auguste Comte traitait cependant de « mystification charlatanesque ».

En fait, cette affirmation du devoir et du caractère *absolu* de la notion du bien est absolument antiscientifique ou tout au moins hors de la science : sous la plume d'Auguste Comte, c'est un illogisme en contradiction avec toute la doctrine. Bayet l'a bien montré : « Demander

_____

(1) *Ibid.,* VII, 14.
(2) Voir LÉVY-BRUHL, *La Philosophie d'Auguste Comte* (Bibliothèque de philosophie contemporaine, 1900.)

à la science un impératif quelconque, c'est lui demander ce qu'elle ne saurait nous donner, sans cesser d'être la science. » Demander à la science de « nous donner une loi normative, un conseil, un ordre », c'est « méconnaître l'esprit même de la recherche scientifique ».

En réalité, la science réunit et étudie les faits, en tire des lois positives, mais ne peut déduire aucune *conclusion obligatoire* pour la conduite ultérieure à tenir.

La meilleure des preuves en est que chacun a tiré de la science des idées pratiques contradictoires ; pour mieux dire, chacun a trouvé dans la science la continuation et la démonstration des idées morales qu'il avait antérieurement conçues. Les divers auteurs, dit encore Bayet, « feignaient de demander à la science ce qu'ils possédaient déjà, ce dont ils n'entendaient pas changer ». Ainsi, « à Comte, la science offre des idées d'ordre et d'autorité, à Proudhon des idées anarchistes ; au nom des mêmes méthodes, Buchez peut faire de la religion une constante sociale, Comte et Proudhon en proclamer l'irrévocable déchéance ».

Voilà la base que la science peut donner à la morale. La science observe « ce qui est » : de ce « spectacle », il lui est impossible de « déduire la formule de ce qui doit être » ; de même qu'un

« astronome observe le cours que suivent les astres », mais ne peut pas trouver dans ces observations le droit « de blâmer ou d'approuver les astres ».

Permettez-moi encore quelques citations de Bayet pour vous bien montrer avec quelle netteté nos adversaires les plus déterminés proclament l'impuissance de la science à donner la notion d'obligation et de devoir.

L'office de la science est terminé, quand elle nous a fait connaître l'ordre réel. « Mais elle n'a pas à nous dire : Respectez cet ordre ou bouleversez-le. Elle affirme la loi positive : elle ne peut rédiger une loi impérative... Autre chose est d'observer, d'étudier un fait moral, autre chose de porter sur ce fait moral un jugement moral, de le proclamer bon ou de le déclarer mauvais. » « Définir ce qui doit être par ce qui est » est au fond une « opération » qui n'a rien de « scientifique ».

« Comment, en effet, une science quelconque pourrait-elle donner naissance à l'idée d'obligation morale ? Comment d'une étude toute spéculative et désintéressée de certains faits et de leurs lois, passerait-on à des prescriptions impératives, sanctionnées par l'idée de mérite et de démérite ?... Si la science morale avait la moindre prétention normative, elle cesserait, par ce seul fait, d'être une science. »

« Quand la science conseille d'employer certaines machines agricoles ou de faire bouillir
son eau avant de la boire, elle donne un rensei-
gnement et un conseil utiles, mais elle ne donne
en rien un ordre qui entraîne l'idée d'obligation
et de devoir. »

« Quand Auguste Comte, Kant, les utilitaires
mettent l'obligation à la base de leur morale, ils
sortent de la science, ils ne font pas de la morale
scientifique. »

Voilà donc qui est entendu, démontré et pro-
clamé par les défenseurs les plus convaincus
de la morale scientifique : il est impossible de
tirer de la science l'idée d'obligation et de devoir.

III. L'intention et la responsabilité dans la morale scientifique et dans la morale de l'Evangile.

*En second lieu, la morale scientifique est
incapable et n'a pas la prétention de tenir
compte de l'intention dans les actes et ne peut
admettre la responsabilité, tandis que la morale
de l'Évangile fait tout le contraire.*

Je n'ai pas besoin de grandes citations pour
vous rappeler que la morale chrétienne base la
responsabilité, non sur l'acte extérieur, mais sur
l'intention et la pensée qui l'ont inspiré.

Tandis que l'ancienne loi disait : vous ne commettrez point d'acte mauvais comme l'adultère, « moi je vous dis que quiconque regarde une femme pour la convoiter a déjà commis l'adultère dans son cœur (1) ».

« Ce qui sort de l'homme le souille... Car du cœur des hommes sortent les mauvaises pensées... Tous les maux proviennent du dedans et souillent l'homme (2). »

Il ne s'agit pas d'être juste extérieurement, par les actes « devant les hommes ». « Dieu connaît vos cœurs et ce qui est grand aux yeux des hommes est en abomination devant Dieu (3). »

Les savants d'aujourd'hui ne veulent pas plus admettre cette morale de l'intention que les pharisiens d'autrefois.

La « fameuse morale de l'intention », dit Albert Bayet, est la « négation brutalement absurde de toute morale pratique. Kant est, à bien des égards, le théoricien responsable de ce paradoxe d'origine chrétienne. » En science, l'intention ne signifie rien. « Pasteur, qui travaille dans son laboratoire, sans autre intention que de travail-

(1) Saint MATTHIEU, v, 28.
(2) Saint MARC, vii, 15, 21, 23.
(3) Saint LUC, xvi, 15.

ler, ne vaudrait pas, au point de vue moral, l'ours de la fable, qui avait une excellente intention quand il a lancé son pavé. » Conçoit-on qu'un médecin plein de bonne volonté et d'ignorance soit sacré bon médecin ? « Ce ne serait, si l'on n'y prend garde, ni plus ni moins ridicule que de déclarer juste et bon celui qui veut l'être et qui ne l'est pas. » C'est à tort que Lévy-Bruhl a dit que, devant la morale scientifique, la morale classique « ne devra pas disparaître pour lui faire place ». La doctrine classique de la morale naturelle avec son « idée paradoxale d'une morale de l'intention » est incompatible et inconciliable avec la morale scientifique. Un des premiers soucis de ceux qui veulent établir la morale scientifique doit être de faire disparaître cette morale naturelle et chrétienne de l'intention.

De même pour l'idée de responsabilité. « Il m'a semblé, dit encore Bayet, que, sur plus d'un point, cette idée, sainte mais vieillie », de la responsabilité individuelle « craquait, et qu'on en pouvait, sans témérité, prévoir la disparition... Dès l'instant qu'on admet, dans le monde social, l'existence de lois en tous points semblables à celles qui régissent la chute d'une pierre, il est aussi puéril de rendre un individu, quel qu'il soit, responsable de ses actes, que de blâmer l'arbre chétif ou de féliciter l'arbre vigoureux. Toute tentative en vue d'atténuer la rigueur de cette conséquence est foncièrement antiscientifique... Xerxès, faisant frapper l'océan, nous fait sourire; car nous savons les mouvements des eaux soumis à des lois connaissables. Serons-nous moins risibles, un jour, nous qui frappons le criminel, sans songer que des lois analogues soulèvent la tempête et suscitent les crimes ? Notre geste apparaîtra-t-il moins ridicule et moins vain ? »

Donc, en définitive, « ne rédigeons pas un code de devoirs, la science ne connaît ni devoirs, ni responsabilités ».

Voilà la conclusion formelle d'un homme qu'à première vue on pourrait considérer comme l'enfant terrible de son parti, mais qui est en réalité le logicien implacable et le porte-parole autorisé de la morale scientifique.

IV. La morale scientifique est la morale de l'intérêt. La morale de l'Evangile est la morale du sacrifice et de l'amour.

Sur ces deux premiers points absolument fondamentaux, la morale scientifique et la morale de l'Évangile sont donc absolument différentes et opposées : la première repousse et la seconde impose les idées d'obligation, de devoir et de responsabilité individuelle.

Reste à indiquer un dernier point sur lequel la divergence s'accentue encore plus : *la morale scientifique n'a et ne peut avoir d'objectif que l'intérêt de l'individu et de l'espèce et ne peut aboutir qu'à la formule : utilisons-nous les uns les autres, tandis que la morale de l'Évangile prêche l'abnégation, le sacrifice de soi-même et aboutit au précepte : aimons-nous et assistons-nous les uns les autres.*

Dans ma conférence sur les *Limites de la biologie* (1) je vous ai déjà montré que la morale évolutionniste d'Herbert Spencer (2), cette forme très élevée de la morale scientifique, ne peut avoir que l'intérêt comme but et le plaisir ou la peine comme mobiles.

Herbert Spencer le proclame : « Le plaisir, de quelque nature qu'il soit, à quelque moment que ce soit et pour n'importe quel être ou quels êtres, voilà l'élément essentiel de toute conception de moralité. » J'ajoute, bien entendu, que, pour les grands penseurs, le plaisir et l'intérêt sont pris dans les sens les plus élevés : le plaisir de vivre et l'intérêt de la vie de l'individu et de

(1) *Loco cit.*, p. 23.
(2) Voir PH. BRIDEL, *les Bases de la morale évolutionniste d'après M. Herbert Spencer* (Petite Bibliothèque du chercheur, 1886).

l'espèce. Ce qui ramène à peu près la morale à l'hygiène, comme l'a démontré Halleux.

Quand on poursuit logiquement les conséquences de ces principes, on voit que la morale scientifique ne peut conduire qu'à la bataille pour la vie et à la guerre sociale.

Nous savons, dit Haeckel, développant les idées de Darwin, « que toute la nature organique de notre planète ne subsiste que par une lutte sans merci de chacun contre tous... La lutte féroce des intérêts dans la société humaine n'est qu'une faible image de l'existence de combat, incessante et cruelle, qui règne dans tout le monde vivant. » Et son traducteur et commentateur Vacher de Lapouge s'écrie (très logiquement) : « A la formule célèbre qui résume le christianisme laïcisé de la Révolution : Liberté, Égalité, Fraternité, — nous répondrons : Déterminisme, Inégalité, Sélection. »

La formule de Bismarck « la force prime le droit » devient la suprême loi morale. On proclame avec Nietzsche, Hobbes et Spinoza que « la force, c'est la source du droit ». « La vraie morale, a dit Jean Weber (dans un passage cité par Alfred Fouillée comme typique) est celle du fait... Le fait accompli emporte toujours toute admiration et tout amour, puisque l'univers qui peut le juger est à ce moment conséquence de ce fait. Ainsi nous appelons bien ce qui a triomphé... La perfection, c'est d'exister... La raison du plus fort est toujours la meilleure ; cette proposition voudrait être une audace ; ce n'est qu'une naïveté. »

En face de cette morale humanitaire qui prêche la guerre et proclame le règne de la force, se dresse la morale de l'Évangile avec ses lois de paix et d'amour.

Ici la doctrine chrétienne ne s'oppose pas seulement à la morale scientifique, elle diffère même de la morale naturelle. C'est une morale toute nouvelle qui vient s'ajouter à l'ancienne morale naturelle.

Notre-Seigneur n'est pas venu « détruire la loi » et la morale qui existaient antérieurement ; il est venu les compléter. La justice de ses disciples doit être « plus abondante que celle des scribes et des pharisiens ». Il ne suffit pas de dire avec les anciens : « Vous ne tuerez point, et quiconque tuera méritera d'être condamné par le jugement. Moi je vous dis que quiconque se met en colère contre son frère méritera d'être condamné par le jugement. Celui qui dira à son frère : Raca, méritera d'être condamné par le conseil. Et celui qui dira : fou, méritera d'être condamné au feu de l'enfer (1). »

_____

(1) Saint MATTHIEU, v, 17, 20, 22.

Et ces commandements de la morale nouvelle ne sont pas quelques articles de détail ajoutés à l'ancien Code naturel : c'est tout un Code nouveau que l'Évangile prêche (1). Car « personne ne met une pièce de drap neuf à un vieux vêtement..., et l'on ne met point non plus de vin nouveau dans des outres vieilles (2) ».

Que sont donc les nouveaux (3) commandements ? « Vous aimerez le Seigneur votre Dieu de tout votre cœur, de toute votre âme, de tout votre esprit. Voilà le plus grand et le premier commandement. Le second est semblable :

« Vous aimerez votre prochain comme vous-même (4). »

« Il n'y a aucun commandement plus grand que ceux-ci (5). »

Cet amour du prochain, il faut l'étendre à ses ennemis, à ceux qui ont fait du mal : « A vous qui m'écoutez, je dis : Aimez vos ennemis, faites du bien à ceux qui vous haïssent. Bénissez ceux qui vous maudissent et priez pour ceux qui vous calomnient. Si un homme vous frappe sur une joue, présentez-lui l'autre. Et si quelqu'un

---

(1) Voir, dans l'*Appendice*, un article de M. Louis Lévy.

(2) *Ibid.*, 16, 17.

(3) Je vous le dis, en vérité, personne ne peut voir le royaume de Dieu, s'il ne naît de nouveau. (Saint Jean, iii, 3.)

(4) Saint Matthieu, xxii, 37, 38, 39.

(5) Saint Matthieu, xiii, 30, 31.

vous enlève votre manteau, ne l'empêchez point
de prendre aussi votre tunique... Si vous n'aimez que ceux qui vous aiment, quel mérite
avez-vous ? Car les pécheurs aiment aussi ceux
qui les aiment. Et si vous faites du bien à ceux
qui vous en font, quel mérite avez-vous ? Car
les pécheurs font de même » (1).

Nous sommes loin de la morale évolutionniste
et de la morale scientifique. A la bataille, à la
haine, à l'égoïsme, l'Évangile substitue la paix,
l'amour, l'altruisme, d'où résultent tout naturellement l'humilité, la miséricorde, le pardon des
injures et la pénitence. « Celui qui s'humiliera
comme cet enfant sera le plus grand dans le
royaume des cieux. Quiconque s'élèvera sera
abaissé et quiconque s'abaissera sera élevé (2). »
« Bienheureux ceux qui sont miséricordieux,
parce qu'ils obtiendront eux-mêmes miséricorde... Alors, Pierre s'approchant, lui dit :
Seigneur, combien de fois mon frère péchera-
t-il contre moi et lui pardonnerai-je ? Jusqu'à sept
fois ? Jésus lui répondit : Je ne vous dis pas
jusqu'à sept fois, mais jusqu'à septante fois
sept fois (3). »

Quand on amène à Jésus une femme « sur-
prise en adultère » et quand les scribes et les

(1) Saint Luc. vi, 27, 28, 29, 32, 33.
(2) Saint Matthieu, xviii, 4; xxiii, 12.
(3) *Ibid.*, v, 7; xxiii, 21-22.

pharisiens lui demandent s'il faut, suivant la loi de Moïse, la lapider, il leur dit : « Que celui d'entre vous qui est sans péché lui jette la première pierre (1). »

Voilà le chrétien humble et miséricordieux ; il faut encore qu'il fasse pénitence. Jean-Baptiste le prêche déjà dans le désert de Judée (2). Et, alors le pénitent est admis à la société de Notre-Seigneur aussi bien que les ouvriers de la première heure (3). Jésus appelle un publicain, Levi, qui était assis au bureau des impôts, et en fait son évangéliste et il dîne chez lui avec beaucoup de publicains et de pécheurs. Et à ceux qui s'étonnent, il dit : « Je ne suis pas venu appeler les justes, mais les pécheurs (4). » Jésus ajouta : « Je vous le dis en vérité, que les publicains et les femmes de mauvaise vie vous devanceront dans le royaume de Dieu (5). »

Chez le pharisien il permit à la pécheresse d'arroser ses pieds de ses larmes et de les essuyer avec ses cheveux (6)...

Et tout cela, il ne faut pas le faire pour le plaisir humain qu'on pourrait en retirer.

(1) Saint JEAN, VIII, 7.
(2) Saint MATTHIEU, III, 7.
(3) Ibid., XX, 1-17.
(4) Ibid., IX, 10, 13. — Saint LUC, VI, 27.
(5) Saint MATTHIEU, XXI, 31.
(6) Saint LUC, VIII, 37.

Il faut s'humilier, faire pénitence, pardonner à ses ennemis et les aimer sans espérer aucune récompense terrestre.

« Gardez-vous de faire vos bonnes œuvres devant les hommes pour être regardés par eux... Lors donc que vous donnerez l'aumône, ne faites point sonner de la trompette devant vous, comme font les hypocrites dans les synagogues et dans les rues, pour être honorés des hommes... Mais, lorsque vous ferez l'aumône, que votre main gauche ignore ce que fait votre main droite (1). » Faites le bien, simplement et obscurément, comme la pauvre veuve qui donne « deux petites pièces de la valeur d'un quart de sou (2) » ou comme le Samaritain qui ramasse et panse le blessé sur la route de Jéricho (3).

En somme, pour résumer d'un mot toute cette doctrine, il ne suffit plus de dire : ne faites pas de mal au prochain, ne leur faites pas ce que vous ne voudriez pas qu'on vous fît. Il faut dire : « Faites aux hommes tout ce que vous voulez qu'ils vous fassent (4)... Traitez les hommes comme vous voulez qu'ils vous traitent (5). »

En vous répétant ces beaux préceptes de

---

(1) Saint MATTHIEU, VI, 1, 2, 3.
(2) Saint MARC, XII.
(3) Saint LUC, X, 30 et suiv.
(4) Saint MATTHIEU, VII, 12.
(5) Saint LUC, VI, 31.

l'Évangile que vous connaissez tous si bien et depuis longtemps, j'ai cédé au plaisir de bien souligner la différence radicale, absolue, qu'il y a entre cette *morale du sacrifice* et la *morale de l'égoïsme* à laquelle revient nécessairement la morale scientifique, comme d'ailleurs y reviennent aussi toutes les morales naturelles.

En relisant tout cela, on comprend l'étonne-ment, la stupeur de tout ce peuple : ces révéla-tions étaient une révolution complète et radicale. C'est le premier cri de la Samaritaine : « Com-ment, vous qui êtes Juif, me demandez-vous à boire, à moi qui suis Samaritaine ? Car les Juifs n'ont pas de relation avec les Samaritains (1). »

On ne sait que penser de la nouveauté extra-ordinaire de cette doctrine : « Beaucoup d'entre eux disaient : il est possédé du démon, il a perdu le sens. Pourquoi l'écoutez-vous ? (2) »

L'état d'âme que l'Évangile nous décrit chez les pharisiens qui entendaient les prédications est tout à fait comparable à celui qu'entraînait la vue des miracles matériels dans le peuple. La réhabilitation publique de la pécheresse, l'exaltation du publicain humble et pauvre au-

---

(1) Saint Jean, iv, 9,

(2) Saint Jean, x, 20.

dessus des prêtres orgueilleux, la prédication
du sacrifice, du pardon des injures et de l'amour
pour ses ennemis... tout cela constituait certainement, dans le monde intellectuel de l'époque,
un bouleversement des lois connues aussi
impressionnant que la résurrection de Lazare
ou la multiplication des sept pains et des petits
poissons.

V. Les morales en présence de la sociologie. Le mariage, le divorce et l'union libre.

Une grande partie de notre tâche est terminée : j'ai montré, ce me semble, les différences profondes, absolues, qu'il y a entre la
morale scientifique et la morale de l'Évangile,
différences radicales qui sont reconnues par
tout le monde, notamment par les plus éminents
créateurs et défenseurs de la morale scientifique.

Nous n'avons plus qu'une chose à faire :
*mettre ces deux morales en présence de la
sociologie et des questions sociales*, et nous
demander si elles sont égales à ce point de vue
pratique ou si l'une d'elles a une valeur sociale
plus grande que l'autre.

Je crois qu'il me sera facile de vous montrer

rapidement que la morale scientifique, si elle régnait seule, entraînerait fatalement la décadence et la mort de la société, tandis que la morale de l'Évangile, si elle arrivait à gouverner le monde, serait pour la société un merveilleux instrument de vie, de progrès et de prospérité.

Pour faire ma démonstration, je prendrai d'abord un chapitre de morale dont l'actualité éternelle a été bien souvent renouvelée et entretenue dans ces derniers temps au Parlement, au théâtre et dans les salons : la vieille et toujours nouvelle question du *mariage*.

Premier point : la morale scientifique est incapable et n'a pas la prétention d'admettre le mariage indissoluble ; en morale scientifique, le divorce est un droit et non plus seulement le divorce de Naquet, mais le divorce éloquemment défendu par Paul et Victor Margueritte, le contrat de louage de Briand, l'union libre.

Je me rappelle l'enthousiasme avec lequel on applaudissait au Vaudeville le second acte d'*Un divorce* de Paul Bourget. Lucien crie au second mari de sa mère qu'il n'y a pas de différence entre l'union libre et le mariage civil avec une femme divorcée. Et j'ai applaudi comme les autres, parce qu'à mon sens, c'est la vérité absolue.

Comme le dit très bien Paul Bourget (1), « si vous êtes autorisés à sortir du mariage, parce que vous n'êtes pas satisfaits de l'union actuelle, vous êtes seuls juges de cette satisfaction. De quel droit les partisans du bonheur individuel obligeront-ils un homme et une femme à supporter une longue et incurable maladie d'un conjoint, une épilepsie, une tuberculose, un cancer ?... La loi actuelle du divorce est l'étape des pharisiens, de ceux qui voudraient à la fois conserver la réserve de moralité qu'ils sentent nécessaire à la stabilité sociale et en sacrifier les conditions. »

Plus logique a été le prince de Monaco, quand il a mis les maladies incurables dans les motifs de divorce. Si même, au lieu de considérer le bonheur individuel, on s'élève, en morale scientifique, jusqu'à l'intérêt de l'espèce, ne vaut-il pas mieux à une femme encore vaillante un bon semeur bien portant, qu'un mari légitime cacochyme ?

Bien scientifique, certainement, était cette femme de Pittsburg, qui (disent les journaux de ce matin)(2) a obtenu le divorce et une pension alimentaire, uniquement parce que son mari

---

(1) PAUL BOURGET, *Un divorce* (avec ANDRÉ CURY). Préface, p. XIV.
(2) *Petit Méridional*, 21 octobre 1908.

« n'avait pas pris de bain depuis leur mariage, c'est-à-dire depuis neuf ans ». Vive l'hygiène !

Comme dit Lucien, « l'union libre est la vraie formule de la vie conjugale ». « Dans les rapports entre l'homme et la femme, on ne peut pas admettre que c'est une formalité qui fait les honnêtes gens, une signature au bas d'un papier, la syllabe : oui, prononcée devant un monsieur ceint d'une écharpe, allons donc !... .

« Du moment que deux êtres sont persuadés que l'union libre est la forme supérieure du mariage, ils sont parfaitement estimables, en vivant dans la logique de leurs idées. »

« Je veux faire ce que vous avez fait », dit-il à son beau-père, et Lucien ne voit dans cette comparaison ni impiété, ni sacrilège. Et sa mère, la chrétienne un moment égarée, dit à son second mari : « Nous non plus, nous ne sommes pas mariés. »

Plus récemment encore, la femme d'un de nos ministres régnants a fait (avec moins de succès que Bourget) le procès du divorce, dans une pièce qui contient, elle aussi, l'exposé de la doctrine scientifique du mariage.

Une jeune fille, Antoinette, veut enlever son mari à Mme Roberty, provoquer le divorce et épouser ensuite Roberty. Et à sa mère qui essaye de lui parler raison et morale elle répond : « La (loi de mon pays permet à un homme qui m'aime) de se débarrasser d'un lien qui lui pèse et de faire notre bonheur à tous les deux. Au nom de qui, au nom de quoi, veux-tu nous empêcher d'être heureux ? » Comme la mère rappelle les droits de l'épouse légitime, elle réplique triomphalement : « On n'a pas de droits sur un homme qui ne vous aime plus... Pourquoi me sacrifierais-je à Mme Roberty ? Quel devoir ai-je vis-à-vis d'elle ?... Il n'y a plus de vœux éternels, le mariage n'est plus une geôle. Il n'existe que par le libre consentement! Roberty m'aime et n'aime plus Maria, elle n'est plus son épouse (1)... »

Voilà où conduit la morale scientifique et aussi, en fait, la *morale naturelle*. Car, ici, je me sépare de Paul Bourget, je crois que la notion, une notion *agissante,* de l'indissolubilité du mariage, n'est guère moins inaccessible à la morale naturelle qu'à la morale scientifique.

Bourget prendrait volontiers comme épigraphe à sa pièce, ces lignes « d'un des maîtres de la science sociale » : « En morale, toute doctrine moderne et qui n'est pas aussi ancienne que

(1) Louise Dartigues, *Répudiée.* (*Nouvelle Revue,* 15 octobre 1908, p. 433.)

l'homme est une erreur. » Je crois que la doctrine du mariage indissoluble n'est pas moderne ; mais, si elle était « au moment de la création », elle disparut à la suite, même dans la loi mosaïque « à cause de la dureté » du cœur des hommes.

Elle ne date définitivement dans le monde que de l'époque où a été prêché l'Évangile. « C'est pourquoi l'homme quittera son père et sa mère et s'attachera à sa femme. Et ils seront deux dans une seule chair. Ainsi ils ne seront plus deux, mais une même chair. Que l'homme donc ne sépare pas ce que Dieu a joint... Quiconque renverra sa femme et en épousera une autre, commet l'adultère à l'égard de sa première femme ; et si une femme quitte son mari et en épouse un autre, elle commet un adultère (1). »

Donc la question se pose dans des termes très précis : la morale scientifique ne peut conduire qu'à l'union libre et la morale de l'Evangile prononce l'indissolubilité du mariage. C'est un dilemme auquel il est impossible d'échapper.

Paul Bourget remarque, dans la préface de sa pièce que, « pendant les cent dix-sept représentations », au Vaudeville, les spectateurs, « ont

(1) Saint MARC, x, 7, 8, 9, 11, 12.

régulièrement applaudi avec frénésie les phrases
de Lucien au deuxième acte, proclamant le droit
à l'union libre. D'autres applaudissaient avec
une égale frénésie les phrases de Gabrielle
disant : nous ne sommes pas mariés... je ne
pouvais pas être ta femme, puisque j'étais celle
d'un autre devant Dieu. En revanche, les paroles
de Darras, affirmant les droits du Code en
défendant le mariage purement civil tombaient
dans un silence de la salle bien significatif.
C'était une très petite preuve, mais comme pal-
pable et concrète du dilemme auquel la société
fançaise est acculée : ou plus de mariage du
tout, ou le mariage religieux et indissoluble. »

Les choses étant ainsi nettement établies, il
n'est pas difficile de montrer qu'avec la morale
scientifique, la société marcherait rapidement à
sa ruine et à la mort.

La société humaine repose essentiellement sur
la notion de la famille ; pour qu'une société vive
et progresse, il faut que le père et la mère ne
croient pas leur mission terminée quand ils ont
procréé un enfant ; ils doivent l'élever, l'armer
pour la vie ultérieure, l'aider de leur expé-
rience... et l'enfant, à son tour, doit honorer ses
parents jusque dans leur vieillesse et jusqu'à
leur mort.

« Pour moi, dit Bourget, vouloir fonder l'organisme social sur l'individu, c'est proprement essayer de dessiner un cercle carré. Il y a contradiction dans les termes. » Il faut, au contraire, dire avec Bonald, Balzac, Auguste Comte, que l'unité sociale « est la famille ». C'est pour cela qu'en pratique et en fait, la législation sur le divorce aboutit à des résultats « d'une insuffisance ridicule et navrante ».

Le psychiatre Enrico Morelli a « établi que, dans les pays où le divorce existe, le nombre des criminels, des fous et des suicides est proportionnellement décuplé, chez les divorcés, par rapport au reste de la population... ».

Je conclurai ce paragraphe par une dernière citation de Bourget : « Il suffit de comparer les deux conceptions du mariage pour juger de quel côté est le progrès. Ici deux êtres s'engageant l'un à l'autre pour toujours... les enfants assurés d'avoir une maison paternelle au vrai sens du mot, la fondation de la famille durable, considérée comme l'idéal dont s'ennoblit l'ardeur passagère de l'amour, la nature animale, tout ensemble acceptée et dirigée, moralisée par la fixité du foyer ; — là, au contraire, une association de hasard, assimilée à un contrat de louage, celui que nous signons avec un fournisseur ou un domestique, y compris la faculté d'essai ! »

VI. Les grandes questions sociales dans la morale de l'Évangile et dans la morale scientifique.

Je me suis étendu sur cet exemple du mariage qui me paraît actuel et démonstratif, mais on peut faire la même démonstration pour tous les chapitres de la sociologie.

C'est dans la morale de l'Évangile qu'on trouve toutes les notions de sacrifice, d'abnégation, d'altruisme, de solidarité, de paix et d'amour, sur lesquelles toute société s'appuie et sans lesquelles aucune société ne peut vivre, tandis que la morale scientifique ne peut donner que des idées d'égoïsme, d'utilitarisme, d'égocentrisme, de guerre et de haine qui sont des sources de dissolution et de mort pour les sociétés.

On trouve dans l'Évangile tous les éléments d'une sociologie large, sage et libérale : il n'y a plus de caste inaccessible ; Notre-Seigneur appelle les publicains et les pécheurs, mange avec eux, choisit parmi eux ses apôtres (1). Ceux qui ont reçu la richesse ne doivent pas thésauriser, ils doivent aider leur prochain.

(1) Saint MATTHIEU, IX, 10.

« Je vous le dis en vérité, un riche entrera difficilement dans le royaume des cieux. Je vous le dis encore une fois, il est plus facile à un chameau de passer par le trou d'une aiguille qu'à un riche d'entrer dans le royaume des cieux (1). »

A ceux qu'il mettra à sa droite le Roi dira : « J'ai eu faim et vous m'avez donné à manger ; j'ai eu soif et vous m'avez donné à boire ; j'étais étranger et vous m'avez donné l'hospitalité ; nu, et vous m'avez vêtu ; malade, et vous m'avez visité ; j'étais en prison et vous êtes venu me visiter... Je vous le dis en vérité, autant de fois vous l'avez fait à l'un des moindres de mes frères, vous me l'avez fait à moi-même (2). »

« Heureux les pauvres, parce que le royaume des cieux est à eux (3). » Et le mauvais riche qui n'a rien volé, qui n'a frustré personne, mais qui a refusé de faire l'aumône aux pauvres est « enseveli dans l'enfer » et appelle Abraham qui lui répond : « Mon fils, souvenez-vous que vous avez reçu les biens durant votre vie et que Lazare n'a eu que les maux ; maintenant il est dans la consolation et vous dans les tourments (4). »

---

(1) Saint MATTHIEU, xix, 23-24. Voir aussi Saint MARC, x, 23 *sqq.*
(2) Saint MATTHIEU, xxv, 35, 36, 40.
(3) Saint LUC, vi, 20,
(4) *Ibid.*, xvi, 25.

N'est-ce pas là tout le socialisme le mieux compris ? Remarquez que Notre-Seigneur ne dit pas seulement aux pauvres qu'ils seront dédommagés dans l'autre monde ; il dit nettement aux riches que, s'ils n'aident pas les pauvres, ils seront punis dans l'autre monde.

Quels sont les socialistes actuels capables de vivre comme les premiers disciples du Christ ? « Ceux qui croyaient étaient ensemble et possédaient tout en commun. Ils vendaient leurs terres et leurs biens et les distribuaient à tous selon le besoin de chacun (1). »

Les hommes du jour ne permettent même plus aux congrégations, héritières des traditions des premiers chrétiens, de vivre en commun et dans la pauvreté voulue. Et si ces hommes du jour vendent des terres et des biens, ce sont ceux des autres, dont ils distribuent le produit, non au vrai peuple, mais aux liquidateurs et aux jouisseurs habiles.

D'ailleurs la morale scientifique, qu'ils ont la prétention d'appliquer, est absolument incapable et n'a pas la prétention de faire sur tous ces points des prescriptions analogues à celles de l'Évangile.

En vertu de quelle autorité le ferait-elle ? Elle

---

(1) *Actes des Apôtres*, II, 44-45.

n'admet, nous l'avons vu, ni devoir, ni obligation.
Elle ne reconnaît de droit que celui de la force et
de la violence. Nul ne peut être tenu d'agir dans
son intérêt, encore moins dans celui de l'espèce.
Si je veux ne rien donner aux malheureux, si
je veux dépenser tout mon argent en débauches
et me suicider après, en vertu de quels principes
la science m'arrêtera-t-elle, du moment que je
ne transgresse pas la loi civile ? Pourquoi serais-
je obligé de nourrir mon vieux père ou d'assis-
ter mes parents malades ? Ce sont des bouches
inutiles, des non-valeurs pour la société et pour
l'espèce. Pourquoi donnerais-je mon argent à
des œuvres de sauvetage de l'enfance ?, pour
sauver quelques êtres souffreteux qui ne rap-
portent rien ni à moi, ni à l'espèce, d'autres qui
même nuiront à l'espèce si nous les laissons
vivre. Il vaut bien mieux l'Eurotas. Comme le
dit Halleux (1), la tolérance et la protection des
faibles deviennent une immoralité.

Remarquez que ces conséquences de la morale scientifique sont reconnues par les défenseurs les plus attitrés de cette morale.

« Est-il conforme, dit Bayet, à l'intérêt social
que des institutions charitables atténuent dans

---

(1) Jean Halleux, *l'Évolutionnisme en morale. Étude sur la philosophie de Herbert Spencer*, 1901.

une société les effets de la sélection ?... M. Belot (1)
répond : oui, mais c'est un oui timide, enveloppé
de restrictions prudentes. » C'est encore trop si
on reste sur le terrain strictement scientifique.
Car, « en vérité, quel talent pourrait nous
persuader que la conservation artificielle des
idiots, des vieillards en enfance est un bien
pour la société ?... Admettons, avec M. Belot,
que le développement d'une philanthropie judi-
cieuse puisse être conforme à l'intérêt social :
à coup sûr, on en pourra dire autant du développement d'œuvres tout opposées. » Le principe
d'intérêt social donnera sur toutes les grandes
questions des réponses contradictoires. Ainsi, à
la question : « Faut-il maintenir la propriété individuelle ? oui, dit l'intérêt : la propriété favorise
l'initiative, l'émulation, la concurrence qui
sont un bien social. Non, ajoute-t-il, la propriété
maintient et accroît l'inégalité qui est un fléau
social. »

Et, je le répète, ces propositions ne sont pas
des principes que, moi, partisan de la morale
de l'Évangile, je déduis de la morale scientifique
pour les besoins de ma cause et de ma thèse. Ce
sont des déductions tirées par des partisans et

_____

(1) G. BELOT, *Études de morale positive*, 1907. — Voir, dans
l'Appendice, une lettre de M. G. Belot.

des défenseurs avérés de la morale scientifique.

C'est encore Bayet qui dit : « Le mot *social* qu'on ajoute au mot *intérêt* paraît d'abord tout simple. Mais, comme il n'y a pas un intérêt qui soit commun à tous les membres d'une société, il n'y a pas un intérêt général valable pour cette société tout entière. Il y a des intérêts sociaux qui se contrarient, qui s'entrechoquent. L'intérêt des médecins n'est pas celui de leurs clients. L'intérêt des individus n'est pas celui des gouvernants. L'intérêt des capitalistes n'est pas celui des prolétaires. L'intérêt d'une industrie n'est pas celui d'une industrie rivale. L'intérêt du riche n'est pas celui du pauvre. Alors, comment choisir ? Le propriétaire prendra parti pour la propriété ; le prolétaire contre. Mais le moraliste ? que va-t-il faire avec son intérêt social au milieu des intérêts sociaux ?... Assez malléable pour s'adapter aux solutions les plus opposées, aux combinaisons les plus contradictoires, (l'idée d'intérêt social) serait pareille à ces rois qui ne régnent qu'à la condition de ne pas gouverner. Rien ne lui serait contraire, parce qu'avec un peu d'habileté logique, on peut l'appliquer à tout. Mais rien non plus ne sortirait d'elle, rien ne lui devrait la vie. » Et enfin : « Veut-on me dire que je dois chercher à maintenir, non la société en général, mais celle dont je fais partie ? Qui m'interdit de la trouver mauvaise et de chercher à la supprimer ? Enfin et surtout qui m'interdit de n'avoir jamais aucun égard à l'intérêt social ? »

Voilà l'*impuissance sociale* et le *danger social* de *la morale scientifique* admirablement définis par, ses défenseurs les plus convaincus et les plus ardents.

Mais, direz-vous, cependant l'altruisme et la solidarité ont bien été prêchés par des hommes qui ne partaient pas de la morale de l'Évangile. C'est vrai, mais c'est parce qu'ils étaient illogiques, en contradiction avec eux-mêmes ; ils appliquaient, sans le savoir et sans le vouloir, la morale chrétienne qu'ils combattaient en même temps.

Cela aussi, c'est Albert Bayet qui le dit. « Si la morale de Kant a eu la fortune extraordinaire que l'on sait, c'est surtout à ses origines chrétiennes qu'elle le doit. » De même pour Auguste Comte. Si « les utilitaristes distinguent parfaitement le coquin de l'homme vertueux », c'est qu'ils sont « sans souci de leur inconséquence ». « Les morales fondées sur le déisme, par exemple la morale officielle enseignée dans l'Université française, sont une assez pauvre contrefaçon de la morale chrétienne ; même lorsqu'elles se

disent et se croient laïques, elles demeurent, au
fond, religieuses. » Tout cela n'est pas de moi,
mais toujours d'Albert Bayet, qui montre ensuite
tout ce qu'il y a notamment d'illogique et de
contradictoire dans les instructions données
en 1883 par Jules Ferry aux instituteurs laïques
sur l'enseignement moral ; dans tous « les ma-
nuels d'enseignement moral qui se sont multi-
pliés en France depuis 1882 », il dénonce, avec
Lévy-Brulh, « une sorte d'hypocrisie générali-
sée (1) ».

Ce sont les adversaires mêmes de la morale
chrétienne, ceux qui veulent la détruire et la
remplacer par la morale scientifique, qui proclament et démontrent ainsi qu'une société basée
exclusivement sur la morale scientifique serait
en réalité *une société sans morale*, c'est-à-dire
que l'avènement de la morale scientifique au
gouvernement de la société serait indubitable-
ment le signal de la rapide décadence, de la dissolution et de la mort de cette société. De cette
société uniquement basée sur la morale scientifique, on pourrait dire ce qu'Anatole France
vient d'écrire de la république des pingouins :
comme Agrippine, elle portait dans ses flancs
son meurtrier.

---

(1) Voir aussi ALBERT BAYET, *l'Idée de bien*, p. 189 *sqq*.

VII. Conclusion.

Il est temps de *conclure* cette conférence, certes beaucoup trop longue pour démontrer à un auditoire comme celui-ci un thème dont il connaissait d'avance toute la vérité.

Les rapports de la morale et de la science restent aujourd'hui ce qu'ils ont toujours été.

La science précise certains points de la morale : les devoirs corporels envers nous-même, l'hygiène qui est un devoir et qui est évidemment différente aujourd'hui de ce qu'elle était au temps de Moïse. Certainement l'Évangile dit un mot qui pourrait s'appliquer à certains microbophobes de nos jours : « Conducteurs aveugles qui passez ce que vous buvez, de peur d'avaler un moucheron et qui avalez un chameau (1) ! » Mais ceci n'a aucune prétention à la science, et les chrétiens les plus convaincus demandent à la science de préciser leurs devoirs d'hygiène vis-à-vis d'eux-mêmes et vis-à-vis de la société.

Voilà le contact de la science et de la morale. Mais il ne faut pas et on ne peut pas

(1) Saint MATTHIEU, XXIII, 24.

aller plus loin. Demander à la science de
faire la morale, vouloir déduire la morale de
la science, c'est supprimer par définition les
idées d'obligation, de devoir, de sacrifice, de
dévouement, d'altruisme et de solidarité sans
lesquelles il n'y a pas de vie sociale possible.

Comme l'a dit Alfred Fouillée, « la question
de morale est insoluble par la science positive ; »
d'autre part, il n'y a pas de sociologie utile et
pratique sans morale. Donc, l'Évangile seul permet de *résoudre* les questions sociales.

Dans une récente interview, M. Pataud, celui
qui éteint les lumières de la terre, a dit : « Nous
ne sommes pas des types comme Jésus-Christ. »
Hélas ! non, pour le plus grand malheur de
nos ouvriers, leurs conseillers et leurs meneurs
ne sont pas des types comme Jésus-Christ ! Avec
Paul Guériot (1) qui déclare n'être pas un
« croyant », on pourrait répondre au grand
dignitaire de la Confédération générale du travail : « Peut-être n'avez-vous jamais lu les Évan-
giles ? J'ose croire, Pataud, que vous y trouve-
riez quelques idées dont vous pourriez faire
votre profit. Sacrifiez une soirée de manille pour
lire le Sermon sur la montagne. C'est une autre

(1) PAUL GUÉRIOT, *Jésus-Christ et M. Pataud* ; dans *la Coopération
des idées*, 16 septembre 1908, p. 175.

littérature que celle à laquelle vous êtes accoutumé. Quelques-uns, dont je suis, estiment qu'elle lui est supérieure. »

Et vous tous, Messieurs, à qui notre belle *profession* donne une si grande influence dans toutes les classes de la société, ne pourrions-nous pas sacrifier quelques heures de loisir à lire l'Évangile aux heureux comme aux malheureux de ce monde ? Dans toutes les classes de la société, on ignore trop l'Évangile et cependant c'est par lui uniquement qu'on peut connaître toute la vérité, la vérité qui rend libres (1).

(1) Saint JEAN, VIII, 32.

APPENDICE

ARTICLE DE M. LOUIS LÉVY

paru dans l'*Univers Israélite*

du 11 décembre 1908.

Morale juive et Morale évangélique.

Ceci n'est pas une étude, mais un mot de réplique à M. J. Grasset, professeur à l'Université de Montpellier.

Dans une conférence faite à Marseille en octobre dernier et reproduite dans les *Etudes* des Pères de la Compagnie de Jésus, numéro du 20 novembre 1908, M. Grasset commet à l'égard de l'Ancien Testament et des pharisiens certaines erreurs qu'il est de notre devoir de relever.

« Tandis que l'ancienne loi disait : vous ne commettrez point d'acte mauvais comme l'adultère, « moi je vous dis que quiconque regarde une femme pour la convoiter a déjà commis l'adultère dans son cœur » (*Matthieu*, v, 28). —

Nous ferons observer que déjà le Décalogue porte l'interdiction de « convoiter la femme du prochain » (*Exode*, xx, 17 et *Deutéronome*, v, 18), et les pharisiens déclarent : « Regarder une femme avec une pensée impure, c'est tout comme si l'on avait eu des rapports avec elle » (*Masséketh Kallah; Yalkout* sur Genèse, § 161, Job, § 918).

« Il ne s'agit pas, continue M. Grasset, d'être juste extérieurement par les actes, « devant les hommes ». « Dieu connaît vos cœurs et ce qui est grand aux yeux des hommes est en abomination devant Dieu » (*Luc*, xvi, 15). Les savants d'aujourd'hui ne veulent pas plus admettre cette morale de l'intention que les pharisiens d'autrefois. » — Nous ferons remarquer que la morale juive, aussi bien celle de l'Ecriture que celle des docteurs, réclame l'intention bonne, pure, droite, haute. « Ne hais point ton frère *dans ton cœur* », est-il écrit au *Lévitique*, xix, 17, et dans *Osée*, vi, 6, nous lisons : « C'est l'amour que je demande, et non le sacrifice. » Et dans *Michée*, vi, 7, 8 : « Le Seigneur prend-il plaisir à des hécatombes de béliers, à des torrents d'huile par myriades ?... Homme, on t'a dit ce qui est bien ; c'est de pratiquer la justice, d'aimer la bonté et de marcher humblement devant ton Dieu. » Et dans *Ps.*, xxiv, 3, 4 : « Qui s'élèvera sur la montagne du Seigneur ? Celui dont les mains sont sans tache, dont le cœur est pur. » Et dans *Deutéronome*, xxviii, 47 : « Il faut servir Dieu avec joie et dans la plénitude du cœur. » Et dans *Proverbes*, iv, 23 : « Plus que sur tout trésor veille sur ton cœur, car là est la source de la vie. » Et dans *Ps.*, cix, 4 : « En échange de mon amour ils m'ont persécuté, mais moi je continue de prier pour eux. »

Voilà pour l'Ancien Testament. A présent, offrons à l'admiration de M. Grasset quelques maximes des pharisiens. Dans le Talmud, traité de *Sanhédrin*, 106*b*, nous rencontrons cette parole : « C'est le cœur que Dieu demande. » Dans *Schebouoth*, 15*a*, nous cueillons la même pensée sous la forme suivante : « Pourvu que l'intention soit bonne, la quantité ne fait rien à l'affaire. » La religion doit être inspirée par l'amour, ainsi que le signifie ce mot du *Sifri* : « Il est écrit au *Deut.*, vi, 5 : « Tu aimeras l'Eternel ton Dieu, » ce qui veut t'apprendre que ton culte doit être une adoration d'amour, car il y a une grande différence entre celui qui pratique par amour et celui qui pratique par crainte. » Dans *Soucca*, 49*b*, on nous enseigne que « l'action emprunte sa valeur à l'amour qui l'inspire ». Dans *Aboth*, iv, 2, Ben Azaï prononce que « la récompense de la vertu, c'est un nouveau devoir à remplir ». Quand on en est à ce degré de moralité, les considérations « extérieures » ne tiennent vraiment plus beaucoup de place. Enfin, pour ne pas accumuler les citations, dans *Sifré équéb* je relève cette sentence : « Accomplissez les préceptes, non dans un dessin d'avantage personnel, mais par pur amour. » Si l'Evangile contient des paroles plus hautes que celles que je viens de rapporter, que M. Grasset nous les produise et qu'il nous montre comment Jésus est venu « compléter » la loi et la morale qui existaient antérieurement.

Ce qui suit est purement prodigieux, car cela dénote une ignorance épaisse des passages les plus connus de l'Ancien Testament. « Et ces commandements de la morale nouvelle, poursuit le professeur de Montpellier, ne sont pas quelques articles de détail ajoutés à l'ancien Code naturel : c'est tout un Code nouveau que l'Evangile prêche. Car « personne ne met une pièce de drap neuf à un vieux vêtement... et l'on ne met point non plus de vin nouveau dans des outres vieilles » (*Matth.*, x, 16, 17). Que sont donc les nouveaux commandements ? précise M. Grasset. « Vous aimerez le Seigneur votre Dieu de tout votre cœur, de toute votre âme et de tout votre esprit. Voilà le plus grand et le premier commandement. Le second est semblable :

« Vous aimerez votre prochain comme vous-même » (*Matth.*, xxii, 37-29). — Il est amusant de voir présenter comme une « morale nouvelle » ce dernier commandement sur l'amour du prochain qui est le texte même de *Lévitique*, xix, 18, et non moins les premières paroles : « Vous aimerez le Seigneur votre Dieu... » qui sont tirées de *Deutéronome*, vi, 5, et qui constituent la prière fondamentale que l'israélite est tenu de réciter plusieurs fois par jour !

Je borne là ces observations. Je me persuade qu'à la prochaine occasion M. Grasset s'empressera de rendre justice et honneur à la doctrine morale d'Israël. Il le doit à son double titre de savant qui veut la vérité et de chrétien qui veut la droiture.

———

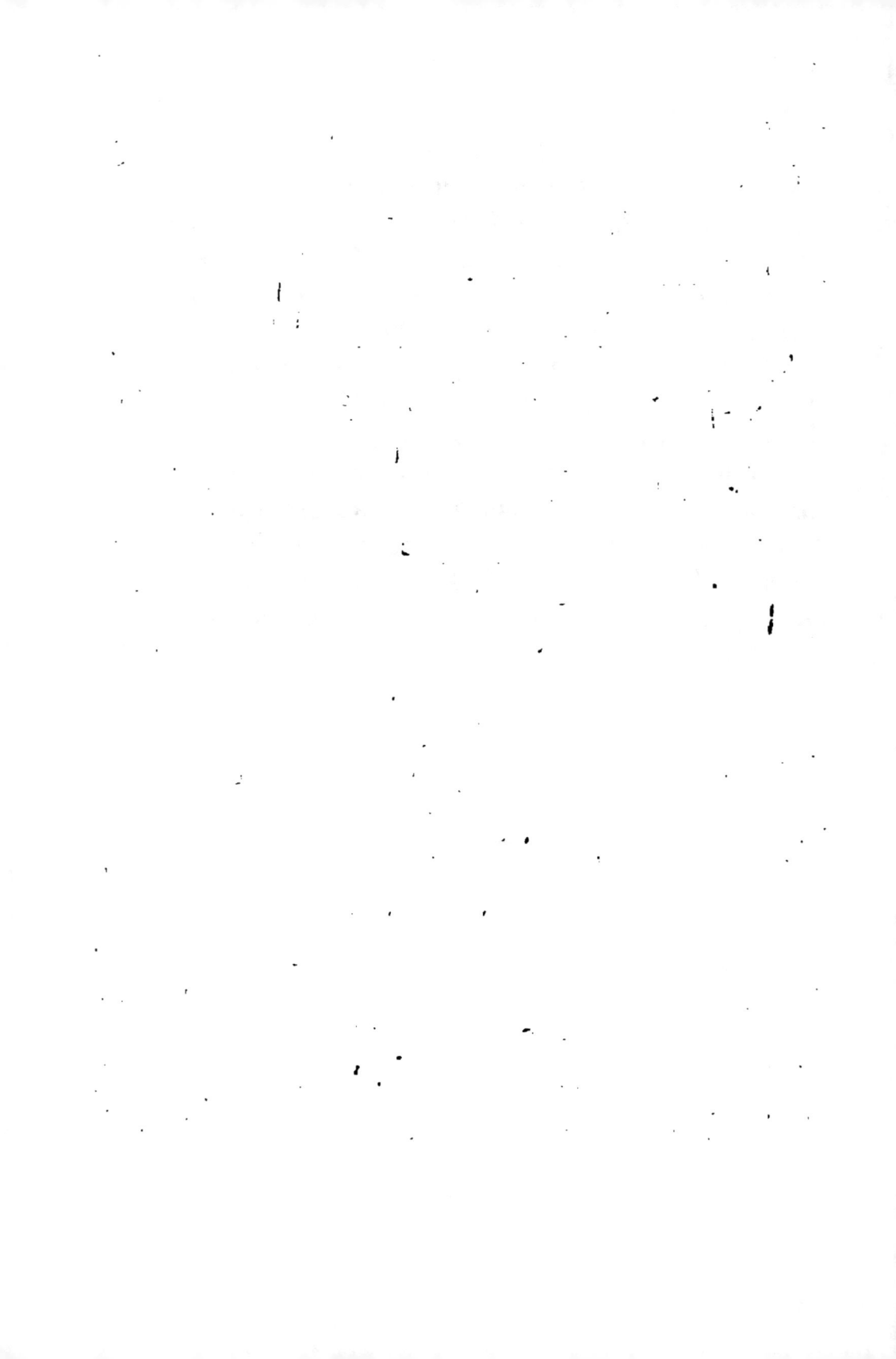

II

LETTRE DE M. G. BELOT
(24 janvier 1909)

MONSIEUR,

Je vous remercie de l'envoi de votre conférence sur la morale scientifique et la morale de l'Evangile. Je l'ai lue avec l'intérêt qui s'attache à toute expression d'une pensée sincère, surtout quand on ne la partage pas entièrement, et que, sincère soi-même, on ne cherche que la vérité.

Me permettez-vous, sans que je prétende entreprendre ici une discussion, quelques observations générales ?

Je ne suis pas de ces libres-penseurs inconséquents pour qui *a priori* tout ce qui est chrétien est à rejeter. Car cela impliquerait que le chrétien n'est pas humain, et c'est ce que le libre-penseur ne peut supposer sans se contredire. Donc les éléments de la morale chrétienne doivent être jugés historiquement suivant leur adaptation plus ou moins parfaite, plus ou moins durable ou temporaire au bien de l'humanité, et dans ces conditions il ne peut se

faire que cette morale soit complètement
dépourvue de valeur.

Mais réciproquement, vous devez reconnaître
que vous ne pouvez instituer un débat sur la
supériorité de l'une de ces deux morales sur
l'autre, sans montrer que cette morale satisfait
mieux à l'ensemble des besoins ou des aspira-
tions humaines que l'autre, sans la juger à ses
résultats meilleurs, etc. C'est-à-dire que vous
adoptez forcément pour prouver la supériorité
de la morale chrétienne le point de vue et la
méthode de la morale positive — ou autrement
vous n'avez rien prouvé, mais seulement fait un
sermon pour gens déjà convaincus. En d'autres
termes, il faut prouver que cette morale est
divine en établissant qu'elle est supérieure, et
non affirmer qu'elle est supérieure en postulant
qu'elle est divine (ce que par hypothèse n'ad-
mettent pas ceux *que vous avez à convaincre*).
Par exemple, il ne suffit pas de montrer que la
morale chrétienne prône l'humilité, la charité,
tandis que la morale scientifique (?) les repous-
serait, pour avoir gain de cause. Car vous serez
toujours obligé de prouver « laïquement » que
l'humilité, la charité, etc., sont de bonnes choses. Il me semble que vous le supposez admis
plus que vous ne l'établissez.

Et ceci m'amène à deux autres observations.

La première (où je m'explique sur un point personnel à propos de la citation de la page 18), c'est qu'il n'y a aucune *timidité* dans une affirmation pondérée, raisonnée et qui cherche une précision de forme scientifique. Admettez-vous donc que toute charité, même la plus mal exercée, soit bonne ? ou qu'aucune forme de charité n'ait d'autre effet que d'empirer la situation de la race et de la société ? Alors il faut bien faire ce que j'ai essayé, c'est-à-dire de distinguer les cas, de mesurer le pour et le contre dans les différentes espèces. Il n'y a pas plus de timidité là qu'il n'y en a chez le physicien à qui l'on dirait : « L'eau bout à 100° » et qui corrigerait : oui *mais* sous la pression de 760ᵐ. A ce compte il faudrait dire aussi que Regnault et Van der Waals ont été plus « timides » que Mariotte ! Je le crois bien ! Il est facile d'être hardi quand on pose des formules absolues, et qu'on juge par *principes* au lieu d'apprécier les *résultats !* Si vous dites : le sacrifice est excellent *en soi* de quelque manière qu'il soit pratiqué, naturellement tout est dit. Cela n'est pas timide, mais cela n'est peut-être pas non plus vrai, ou du moins il faudrait l'établir.

Et ma seconde remarque, c'est que vous avez peut-être abusé des « hardiesses » de certains « enfants terribles » de la morale scientifique. Où

est actuellement la morale scientifique ? Elle se
cherche. Durkheim, le vrai maître — dont je suis
loin d'ailleurs de partager toutes les vues — est
singulièrement plus réservé que certains disciples, et fait, au nom de la sociologie, une place
fondamentale à *l'obligation* et au *sacrifice*. Lévy-
Bruhl est — au moins en principe — d'un
conservatisme extrême, Comte met l'altruisme
à la base, et supprime le droit au profit du
devoir. Alors qui avez-vous vraiment, je ne dis
pas même réfuté, mais condamné ? Et quoi ?

Excusez-moi si peut-être vous trouvez quelque
vivacité dans ma réplique, et croyez, Monsieur,
à la sincère expression de mes sentiments de
parfaite considération.

G. BELOT.

Article du « *Matin* » du 1er février 1909.

LE MARIAGE DE DEMAIN

On m'affirme que les journaux de Copenhague, capitale d'un pays religieux et très moral, publient souvent une annonce ainsi conçue :

« M. X... et Mme Z... ont l'honneur de vous faire savoir qu'ils vivent maritalement. »

Nous n'en sommes pas là. Il est certain cependant que les jeunes gens sont las des difficultés qui retardent la conclusion et la rupture du mariage. Déjà des obstacles ont été abattus. Il faut arriver à simplifier encore un acte si naturel et qui nous paraît compliqué, redoutable, parce qu'on l'entoure d'un appareil inutile.

Un homme et une femme veulent se marier. Le Code les oblige à prendre moralement de très nobles engagements. Certes, il est beau de promettre devant un officier ministériel la fidélité et l'amour éternels. Il y a nombre de mes compatriotes — nous pouvons le dire avec fierté — qui ne manquent pas à de tels serments. Si nous comparons au nombre imposant des mariages le chiffre minimum des divorces, nous reconnaî-

trons avec joie qu'il y a ici une belle majorité de
ménages unis. Tous les étrangers peuvent
croire que les Français et les Françaises ne
songent qu'à se tromper mutuellement. En
réalité, nous voyons autour de nous des êtres
laborieux et bien équilibrés qui supportent
ensemble les épreuves de la vie, qui en goûtent
les joies, qui élèvent avec bonheur et avec soin
des enfants et qui restent étroitement unis à la
vieillesse et à la mort. La littérature ne s'inté-
resse pas à ces gens heureux qui n'ont pas d'his-
toire. Nous lisons sans cesse les aventures
étranges de mondains détraqués et de vicieux
qui sont affolés par le désir de conquêtes nou-
velles et de plaisirs inconnus. Nous ne nous
intéressons pas à ces individus exceptionnels et
misérables.

*

Mais, à côté des couples radieux qui ont
trouvé le bonheur et qui sont heureux malgré
la loi, il y a des braves gens, d'humeur saine,
d'intelligence équilibrée et qui se débattent dou-
loureusement dans les liens du mariage. Ils
forment une minorité ; leur nombre attire cependant l'attention. Ils ont découvert qu'ils ne
sont point nés pour vivre éternellement dans
l'union qu'ils ont contractée de bonne foi. Ils

sentent peser sur eux le poids d'une servitude
dont ils ne peuvent se délivrer. Ils n'ont pas les
raisons précises qui sont nécessaires pour
obtenir le divorce. Ils sont réduits à cette com-
pensation honteuse : l'infidélité.

L'infidélité, c'est l'acte qui assombrit toute
notre vie ! L'infidélité qui pousse les hommes et
les femmes au meurtre ! L'infidélité qui n'a pas
toujours ces conséquences sanguinaires, mais
qui crée la mauvaise humeur, les visages soup-
çonneux, les larmes, la souffrance quotidienne !
L'infidélité qui est une lâcheté !

Il ne faut pas que l'homme et la femme soient
infidèles. Ils doivent avoir le moyen de se
séparer rapidement et loyalement. Il importe
d'éviter les trahisons qui les abaissent, qui les
avilissent. La loi actuelle oblige un trop grand
nombre de nos contemporains à considérer
l'adultère comme une distraction futile et pres-
que innocente. Réagissons contre cette mollesse
en modifiant la loi du mariage. Le principe
n'est pas de réfréner l'infidélité en la punissant,
mais de la rendre inutile et vraiment criminelle
en donnant à ceux qui sont mariés la possibilité
de retrouver vite leur indépendance. Si vous
défendez à un enfant de s'emparer d'un objet,
il vous désobéira. Si vous lui dites qu'il est libre
d'agir comme il lui plaît et si vous faites appel

à sa droiture, vous obtiendrez sans doute le résultat que vous souhaitez.

C'est le principe du mariage de demain.

.•.

— Nous avons découvert, Madame ou Mademoiselle, que nous nous plaisons. Nous sommes des sages. Nous estimons que notre union pourrait n'être que momentanée. Il est parfaitement inutile que nous troublions la sérénité de nos parents pour un événement simple et dont les conséquences seront limitées. Je ne deviens pas le fils de votre père et de votre mère. Vous ne devenez pas la fille de ceux qui m'ont donné le jour. Nous n'unissons pas nos familles, mais nos individus. Tout dépend de notre seule volonté.

Nous formons une association, et les contrats qui peuvent la régir sont innombrables. Il va sans dire que chacun de nous garde la libre disposition de la fortune qu'il possède ou peut acquérir. Je ne conçois pas pourquoi vous me remettriez de l'argent parce que je vis avec vous, ni pourquoi vous auriez un droit sur le produit de mon travail parce que vous demeurez avec moi. Je me charge d'assurer votre existence parce que, dans l'état actuel de la civilisation, la femme gagne difficilement sa vie. Il me convient, d'ailleurs, que vous soyez oisive, si vous n'y voyez pas d'inconvénients, parce que le labeur risquerait de vous faire moins gracieuse. Si vous avez une fortune personnelle, vous pourrez contribuer aux frais du ménage et suffire, par exemple, à vos dépenses. Ce sont des points que nous réglerons sans avoir besoin du notaire et de ses trois formes de contrat.

Quand nous serons tombés d'accord, nous passerons entre nous un acte qui devra prévoir les conditions de notre rupture. Je m'engagerai à vous payer, le jour où nous nous séparerons, une pension dont le chiffre sera spécifié. Ce papier sera enfermé dans une enveloppe que nous déposerons à la mairie en déclarant que nous sommes mariés.

Dans quelques mois ou bien dans quelques années — jamais, je l'espère — l'un de nous estimera que l'existence commune n'est plus agréable. Il en fera part à l'autre et il se rendra à la mairie pour déclarer que le mariage est rompu. L'employé préposé à ce service ouvrira l'enveloppe, prendra connaissance de notre contrat et l'Etat se chargera de me faire exécuter mes engagements.

.*.

Ce procédé, qui se recommande par son extrême simplicité, vous paraît-il brutal ? Mais, chère Madame ou Mademoiselle, aimez-vous mieux que nous restions l'un et l'autre dans une maison attristée par nos querelles ou par notre mauvaise humeur ? Voulez-vous que nous commettions des mensonges et des vilenies pour échapper, à la loi conjugale ? Vaut-il mieux appeler des avoués ou des avocats pour trouver des moyens de divorce et pour échanger des injures ? Notez aussi que cette possibilité de rupture immédiate nous obligera à nous montrer aimables et galants dans nos rapports quotidiens. Chacun de nous, parce qu'il craindra d'indisposer et de perdre l'autre, se montrera prévenant, doux, agréable. Ne nous sentant pas en état d'esclavage, nous n'aurons pas les défauts de la servitude. Je vous prie de considérer l'importance de ces avantages.

Et les enfants ? Plusieurs cas peuvent se présenter. Si aucun de nous ne les réclame, ils seront à la charge de l'Etat. Si un seul des époux veut s'en charger, il lui sera donné satisfaction. Si nous nous les disputons, un juge de paix prononcera. Il les attribuera au père ou à la mère, en tenant compte des avantages matériels et sociaux qu'ils peuvent trouver. Il n'en fera pas une prime à la constance et la punition de l'infidélité. Il se préoccupera d'assurer leur bonheur et non de nous châtier ou de nous récompenser.

Rien n'est plus simple. Un tel système diminuera sensiblement les laideurs des trahisons hypocrites, les bassesses de l'amour qui se cache. S'il était adopté et mis en pratique, la prostitution n'aurait plus de raison d'être, et il faudrait encore nous féliciter de ce résultat. Cette réforme serait féconde en conséquences saines parce qu'elle est conforme à la vérité, aux exigences de la nature et de l'état social. Mais elle sera combattue par les filles publiques et par les poètes dont elle entravera le commerce. Et ces gens-là ont de l'influence.

Philosophos.

TABLE DES MATIÈRES

2234-08. — Imprimerie des Orphelins-Apprentis, F. Bernry
40, rue La Fontaine, Paris-Auteuil.

www.ingramcontent.com/pod-product-compliance
Lightning Source LLC
LaVergne TN
LVHW022025080426
835513LV00009B/885